상처에 대하여

상처에 대하여

1판 1쇄 발행 2015년 8월 22일

지은이 | 노광희
펴낸이 | 서양희
펴낸곳 | 도서출판 파란

주　소 | 경기도 용인시 처인구 금학로 285
연락처 | 031. 338. 9896
등록번호 | 제 2006-06호

ISBN 978-89-93569-21-6

가격 : 10,000원

* 이 책은 용인시 문학창작 지원금을 지원받아 제작 되었습니다.

상처에 대하여

노광희 시집

작가의 말

사랑을 쓰려했는데 나는 또 상처를 쓰고 말았다
남편과 사별한지 21년째이다
길고 긴 세월이 흘러 더러는 힘든 만큼 잊자고 해
잊혀진 많은 시간이지만 아직도 아물지 않은 시간들이
마음 한켠에 마르지 않은 채 고여있다
세 남매를 데리고 힘들고 고되게 그리고 치열하게 살았지만
우리가 잘 버텨낸 것은 많은 이들의 위로와
따뜻한 관심이 바탕이었다
하지만
나를 향한 칼날은 슬프게도 먼 곳보다 가까운 곳에서 번뜩였다
그들의 입속의 흉기는 느닷없이 가슴을 찔러댔고
믿은만큼 더 많이 아프고 쓰라렸다
말하지 못한 것들은 잊혀지지 않았고
덧난 껍데기위로 상처들이 불쑥불쑥 고개를 내밀 때마다
글로 다스렸지만
이번에도 나는 정작 깊은 곳의 환부를 도려내지는 못했다

이 세상의 서러운 사람들은 다 나와서 소리쳐라 외쳐라
치유를 위하여 회복을 위하여 내 한 부분을 세상에 내다 날려라
그것이 처방이며 묘약이다

소리 없이 흐르는 푸른 강물을 생각한다
모든 것을 끌어안고 조용히 흐르는 깊은 강물을
나는 아직 깊지 못해서 소리가 난다
이제 깊어지기 위해 사랑에 대해 쓸 것이다
나를 사랑하는 것. 그 것이 나를 구할 것이다

2015 8 .15 뜨거운 태양 아래서

차례

1부

2부

3부

차례

4부

5부

1부

●●●●●

사랑에 대하여

칠월의 한 낮
후끈거리는 거리로 사람들이 지나가고
꽃잎 하나 흔들리지 않는 시간
무표정한 길 위로
뜨거운 등짝 하나 지나간다

자동차의 행렬이 일렁이고
아이를 업은 에미의 등은
삼 복 더위에도
바위처럼 단단하다
땀으로 범벅된 저 등을 타고
아이는 에미의 심장 소리를 듣는다
에미의 등짝에 일렁이는
소금 꽃보다 더 진한
저 무엇

사랑을 함부로 말하지 마라
입 다문 사랑이 저기 지나간다

담쟁이

아무도 모른다
그들이 올라가는 소리를
아무도 모른다
그 들이 움직이는 모습을
누구도 눈치 챌 사이 없이
조용히 가장 낮게 엎드려
어느새 여름 한 낮
푸른 궁전을 지었다

●●●●●

그 들을
가만히 들추어 보아라

촘촘이 박힌 저 손톱에 온 몸을 실어
기고 또 기어올라 저 거친 담을 움켜쥐고
또 한번의
넓고 높은 세상을 찍어 놓는다
오로지 끈기 하나로 움직이는 생
그들을 허물어 놓을 것은 아무것도 없다

●●●●●

의 무

까치가 높은 나뭇가지 꼭대기에
집을 짓는 것은
멀리 보기 위함도 아니고
좋은 경치를 보려 함도 아니다

●●●●●

오로지
자기 알을 보호 하기위해
둥지를 가지 끝에 매달고라도
제 새끼들을
하나하나 온전히 키워내
세상 밖에 내놓는 일이기 때문이다

세상의 모든 에미는 벼랑 끝에서도
제 둥지를 천 만번의 날개 짓으로
온전히 지키려는 것이다

●●●●●

국수를 삶으며

국수를 끓이다가
문득 네가 생각났다

그 어릴 적
밥 대신 불어터진 국수에 어묵조각을 넣어
훌훌 허기를 채웠다던 너
그 어릴 적
바지 공장 다리미에 바짓단을
각으로 세워야 밥을 얻어먹었다던 너

●●●●●

바늘땀 걸음으로도 희망을 껴안고
냄비의 물이 끓어오르듯
뜨거웠던 세상

가늘고 길었던 우리들의 청춘
이제 서러운 것들이 허물어져
환하게 눈뜬 하늘
고추장 양념에 청양 고추 썰어
아찔하게 먹는 이 맛
우리의 이력들이 머리를 스치고
문득 네가 생각났다

발바닥을 만지며

나의 발을 만진다
하루 종일 뜨거웠던 나의 발을
때론 허공도 땅 인양 걸었을 나의 발을
바람에 날아간 씨앗이 한 뼘 푸석한 흙에서도
제 집을 짓고 새끼를 키우듯
발 디딜 곳만 있으면 껌 딱지처럼 붙어
성근 몸을 지탱해 주던
가장 낮은 곳의 나의 발을

산다는 것은
성냥을 긋듯 매 순간 불을 붙여야
울컥 땅을 흔들고 들꽃처럼 알몸을 내밀 수 있다
뒤틀린 신발을 신고도 몸은 곧게 바닥을 차야하고
진흙탕 속의 소란에도 고요한 바닥을 기억해야한다
오늘도 단내 풀풀 내며 돌아온
거친 나의 발을 만진다

그러므로
하루 종일 뜨거웠을 이 세상의 발들을
사랑하며

손톱을 깍으며

늦은 밤 손톱을 깍는다
달이 기울고 하늘은 모든 짐을 내려놓았다
한쪽 가슴 언저리에서 뻐근히
쓸데없는 풀이 자라 무성해지는 시간
날카로워진 손톱이 잘려 팽 날아간다
하루 종일 구부렸던 마음이 튕겨져
방바닥에 던져진다

함부로 말을 던지던 너에게
함부로 손짓을 하던 너에게
자꾸 자라나는 날선 마음을
고요한 이 밤엔 모두 자르기로 한다

그래서
쇠의 날을 내게 향하게 둔다
너로 하여 나의 독이 커지기 전에
너로 하여 나의 화가 넘치기 전에
나의 마음이 둥그러지도록 단정히
늦은 밤 손톱을 깎는다

●●●●●

그 청 보리밭에 가고 싶다

바람이 분다
그 청 보리밭에 가고 싶다
덜컹거리는 기차는 숲을 지나 언덕을 넘어
태백을 지날 것이다
늘 허기진 바람은 종착지 없이 떠돌다
태백에 붙어 한 계절 지내다 늙어간
잊혀 진 말 잊혀 진 이름이다

그곳을 지나면
흔들리는 청 보리처럼 푸른 시절
짧은 기억은 뿌리를 내려 살고 있겠지
여기서 나는 또 침묵 하리라
불편하지 않게 널 놓아준 까닭
사랑에 대하여 그것도 용기라 했던가
바람이 쏟아져 태백을 지나
그 청 보리밭이 흔들리면

●●●●●

치유의 시간

적막한 여름 한 낮
바람이 불자
모든 잎들이 흔들리기 시작한다
위로의 시간이다

서로 기대어 울어보자고
서로 상처를 쓰다듬자고

서로 아픔을 털어내자고
서로 빈 곳을 채워주자고

바람이 부는 쪽으로 몸을 내민다
그렇게 뿌리가 깊어지자고
그렇게 기대어 단단해 지자고

살아있음으로 흔들리는 것
나도 그 옆에서 흔들려본다

덫

봄날
서쪽 하늘을 데리고
집으로 온다
그가 좋아했던 노을이다

저녁 산등성이에 피어난
짧은 걸음으로 서성이는
저 온기를 놓칠 수 없어
차창 밖과 백미러에 가득 달고
서둘러 집으로 돌아온다
그대가 쳐놓은 덫이다

계절은 봄이라고
새 순이 돋고 새 잎이 나고
꽃 순이 돋아 모두 환하게 돌아온 세상
영원하자는 약속은 내게 두고
돌아오지 않는 그는 나를 잃어버렸다

●●●●●

이 봄날
죽은 듯이 있다가 살아나는
모든 것들을 질투하며
우린 이별을 고 하지 않았으므로
또 같이 내일을 살 것이다
내가 더 사랑했으므로

그대 대신
이 봄날 저녁
노을이 붉디붉다

울지마라 아가야

바람이 분다
흔들린다고만 생각마라
벼랑 끝에 몰려도
살아있으므로 바닥을 기억하라
바닥에서 이어지는 저 힘이라니
너의 맘 가는 곳에 한 뼘이라도
울타리인 것을
쓰레기를 줍고 똥을 펴도
진리는 하나
살아야 한다는 것

바닥을 차고 일어나거라
어디 가슴에 칼 하나
품지 않은 사람 있으랴
항상 깨어서 머문 곳을 기억하라
굴하지 말고 우뚝 서거라

상처에 대하여

찔레꽃을 보면 당신 생각이 났어
산기슭 언저리에 창백히 서있는 그 꽃은
숨겨 논 가시로 나를 경계하지만
나는 이미 찔려 그 아픔쯤이야
산다는 것은 때론 가시에 찔리는 것
가끔은 피 흘려 쓰러지는 것

●●●●●

바람 부는 날 꽃잎 떨어지듯
어느 틈에 상처가 떨어져도
아물지 않은 상처는
스위치를 키듯 건드리면
또 다시 불꽃이 튄다

세상의 그 끝집 바람이 불면
창백히 떠다니는 당신의 꽃잎
우리가 사랑한 시간이 죄가 되어
당신은 저 산으로 유배 되었다
희디흰 찔레꽃으로

봄날에는

봄 바람에 흔들려
나뭇잎이 깨어나듯

봄 바람에 흔들려
꽃들이 깨어나듯

봄 바람이 불면
너의 마음을 흔들어 깨워라
너의 마음을 흔들어 잎을 피우고
너의 마음을 흔들어 꽃을 피워라

찬란한 봄이다
흔들려야 좋은 계절

관계 다스리기

차가운 눈에도
마음이 있는지
칼 같은 날을 새우다가도
따뜻한 입김에 녹아 눕는다
폭설도 태양을 이기지 못하듯
모든 것의 마음은 따뜻함을 넘지 못한다

나는 나를 힘들게 하던 관계들을
온전히 끌어안을 열정이 있었는가
이토록
밤새 내가 끙끙 앓는 것은
아직 나의 품이 넓지도 뜨겁지도 않는
까닭일 것이다

쓰레기통을 비우며

우연히 책상 밑 쓰레기통을 보니
어느새 가득 찬 쓰레기가 함부로
가득하다
나도 모르게 내 손에서 떨어진 것들이
쓰레기가 되어 흉물스레 넘쳐나니
내가 모르는 그 어느 곳에
나의 허물이 구겨진 체
쓰레기가 되어 썩고 있을까

쓰레기통을 비우며
가슴이 두근거렸다
누군가 내게 버린 쓰레기도 비워버렸다
어디엔가 내가 버린 쓰레기도
누군가가 나처럼 비워주길 바라며
뒤돌아서니
텅 빈 쓰레기통이 환하다

마지막 잎새

치매 진단을 받으신 아버지가
이불자락 한 귀퉁이에 누워 떨고 계셨다
풀처럼 누운 아버지는 풀처럼 일어나지 못한 채
두려운 눈빛을 사방에 걸어 두신다

네가 누구냐

바람이 분다
벽과 벽 사이의 간격이 유난히 넓다
유리창 너머 매미의 허물처럼
껍데기만 남은 몸뚱이가
아슬아슬하게 허공에 흔들리다 멈추곤 할 때마다
심장을 치는 동백꽃을 생각했다
가차 없이 온몸으로 뜨겁게 추락하는 꽃을
겁 없이 뚝뚝 떨어지는 붉은 태양 같은 꽃을
더 이상 좋아하지 않기로 했던 시간들이 날렸다

생략하고 살았던 눈물이
바람에 날려 흩어진다
후두둑 떨어져 내리는 삶의 골들
그 골짜기에 훅 따뜻한 입김으로 풀칠을 해본다
힘없는 잎이라도 떨어지지 않기를
가벼운 몸짓이라도 눈에 보이기를
서운했던 마음보다 안타까운 마음이
위태로운 나뭇가지 끝에 걸려 과거를 밀고 있다
떨어지지 마세요
아직은 아버님

부재에 부침

어디에도 없는 그가 서러워서
가끔은 꿈속에서 놀다간다
하 나 둘 지워지는 이름은
기억에도 멀어져 슬픔이 잦아들다가
세상 살다 간지 아득해질 무렵
서류 상 필요해 등본을 뗀 후에
마음 한 켠 자르는 당신은 여전히 부재중

어떤 동서는 나더러 시집 안가냐 하더라
내 전화번호도 모르는 남 보다 더 무심히
자취조차 사라진 당신만 아니라
내게도 찬물을 뒤집어씌우는 꼴이라
그 입의 가벼움에 웃음만 나오더라

둘째가 먼저 시집을 간다고 청첩장 맨 앞줄에
당신 이름 석 자 환하게 올렸는데
강산이 두 번이나 변하고서야
세상에 나온 당신
나는 온 천지에 보란듯이 뿌렸지
그 이름 석자

2부

나도 꽃

언덕배기의 화사한
그 꽃이 예뻐 가던 길 멈추고
나도 그 꽃이고 싶었다

그 분홍 빛 꽃 자락에
내 몸을 두루고
낡은 옷을 허물처럼 벗고
따뜻한 바람에 설레이는
가만히 그 꽃이고 싶었다

바람보다 빠른 소문이
먼저 꽃을 피우고
지나가는 바람에도 폴폴 향내 나는
그 꽃이 나이고 싶었다

바람에 들려도
한 사람의 눈길에
오래도록 안기는
나도 그 꽃이고 싶었다

즐거운 수다

전화벨이 울렸다
오래 전 친구의 안부 전화다
신통하게도 말이 그리웁다 했더니
도사도 아닌데 통 하였다

잠시 그녀와 나 사이에는
기억 저편 수많은 날들이 날아 다녔다
복사꽃 사뿐히 터진 앞마당
봄바람이 불었기 때문이다

오래 묵었던 흐릿한 기억들이
슬펏거나 아팟거나
흐릿해진 눈처럼 지나간 모든 것은 무디게 물렁이고
아픈 시간들은 신통하게 진통이 멎을 즈음은
우린 서로 나이를 먹어간다는 거다
참 즐거운 일이지 나이를 먹어 간다는 것은
시간이 흐르는 물처럼 여유롭게 흘러간다

산하나 가슴에 품는다는 거 품을 수도 있겠다
봄 날 떨어지는 꽃잎을 보며
넉넉해지는 시간
수다를 떨며 또 한 계절이 지나간다

●●●●●

장막

칠 흙 같은 오월의 밤
검은 장벽을 깨고
어디서부터 시작됐는지
소낙비처럼 몰려 개구리 운다
우우
가슴 속 하고 싶은 말들이 너무도 많아
덜컹덜컹 박힌 돌들이 굴러 나온다

보이지 않는 어둠 속에서
흩어지지않는 근심들이
물 가득한 논배미마다 터져버렸다
가슴을 첨벙대며 어두운 허공에
제 물집을 터트려 대는 것이다

칠흙 같은 오월의 밤
어두운 곳은 어디 깜깜한 밤뿐이랴
눈뜨고도 보이지 않아
내 잃어버린 것들이
쏟아져 첨벙 댄다
고랑마다 억새풀이 무성해진다

숙제

하루를 담을
백지 한 장 던져주고
공백을 채우라네

빈 유리창 넘어
저 많은 사람들은
모두들 어디로 가는지
어디로 통하는지

세상은 언제나 환한 것 같은데
침침한 내 눈은 점점
하루가 낯설어진다

오늘은 정신없이
이름 석 자 간신히 써 놓고
밤새 꿈속에서
내 이름 석 자와
뛰어다녔다

난 아직도

또 한 사람의 부고를 받았다
검은 옷을 차려입고 문상을 간다
슬픈 시간에는 언제나 그가 따라왔다
눈이 몹시 왔던 그해
나와 내 아이들이 입은 상복이 슬퍼
사진 속의 그가 눈물을 흘렸다

국화꽃 향기가
촛농에 녹아 가슴을 파고들 때
서럽도록 낯선 길이 출렁였다
해는 지는데 갈 곳이 없는 길 위로
꿈 속에서 그가 잠시 돌아왔었다
꼭 지켜주겠다는 말과 함께

친구의 어머니가 사진 속에서
웃고 계신다 편안하신가요
향을 피우고 절을 하고 상주에게 목례를 한다
또 하나의 모래시계가 멈췄다

바람 속에서 그가 흔들렸다
깊은 골짜기의 바람은 언제나
사라지는 일없이 쓸쓸하고 서늘하다
닫히지 않는 문처럼
아물지 않는 생채기가 낡아 가고있다

오래된 기억

오래된 메일을 무심코 꺼냈다
희미한 봄부터 묵은 겨울 사이로
바래지지도 않고 닳아지지도 않은 채
그렇게 버티고 있다가
마른 옥수수 알갱이처럼
내 발등 위로 우수수 떨어진다

저희들끼리 살아서
부비고 있던 내 반쪽자리 시간들
문을 열고 바라보면
저 가난한 농담으로 버텼던 날들이
멀리서 돌아 나오고 있다
나는 미처 신지 못한 슬리퍼를 끌고
이방인처럼 서성인다

●●●●●

섬

엄마에게 간다
딸기 한 상자 바나나 한 송이 사들고
눈길 가는 데로 꽃이 되는 봄날
민들레가 제 피붙이를 날리고
떨리는 손을 흔들 때
저렇게 엄마의 손 끝도 흔들렸을까

엄마가 꽃이었을 때
내가 꽃이었을 때
우린 서로 보고 있었을까
엄마가 수 십년 내게서 피었던 시간
나는 이방인처럼 잠시 머물고
엄마는 섬 처럼 그렇게 기다렸다

오늘 엄마에게 간다
딸기 한 상자 바나나 한 송이 사들고

꿈 속에서

어떻게 살고 있나요
그가 물었다
그냥 잘 살고 있어요
내 말이 부스러져 땅에 떨어진다

어떻게 살고 있나요
내가 물었다
그냥 잘 살고 있어요
그 말이 벌거숭이가 된 채 땅에 떨어진다

마른 침묵에 잠시 노란 허기가지고
살아가는 것이
하루를 하나씩 지워가는 거라면
그냥 그 것도 괜찮다 싶어
좀 더 순해진 눈 빛으로
그렇게 안부를 물었다

오래된 등불

바람 불고 비오면
어둠으로 문 닫힌 창백한 골목에
따뜻한 불빛하나

빗속에도 꺼지지 않는
그 빛 하나가
밤 새 흔들렸다

어둠이 뱀처럼 감긴
그 집 대추나무에
철사로 동여맨 우산하나

높은 가지를 붙잡고
펼쳐진 우산은 호롱을 달고
좁다란 골목길을 맴 돌았다

전기도 귀하던 시절
밤늦게 일하고 돌아오는
그 누군가를 위해
조심스레 세워진 그 호롱불 밑을
빗 줄기도 조심히 피해 다녔다

그 불빛을 타고
몇 번의 꽃이 피고 지고
목화 솜 같은 눈 덮혀 세상이 환할 때
대신 내 걸린 그 고운 사진

세상은 오래도록 조등으로 환했고
눈조차 꽃잎 되어 향기롭던 날

우리는

네가 그랬듯이
내가 그랬듯이
두 발을 땅에 딛고 있어도
때론 휘청거리지

파닥대는
붉은 맥박 그 하나로
무너진 길 위에
끝없는 길을 포개며
달근한 현기증은
돌출된 덤이라고

그래도 우리는
어깨에 햇살을 얹고
땅에 발자국을 내며
우리의 무게가
바람처럼 가벼워질 때까지
언제나 서툰 몸짓으로
끝없는 길을 만들지
새로운 세상을 위해

●●●●●

겨울 비

겨울 문턱의 텅 빈 그늘
그 무거운 침묵을 참지 못하고
서둘러 비가 내린다

대신
모든 것들의 흔들림을 위하여
빗줄기는 어디서라도
수직이다
완고한 직선
그 하나가 오래도록 우주를 지킨다
단단한 등짝 어둠 속을 껴안고
깊고 서늘하게 못을 박는다

차가운 바람이 불어 사방이 흔들릴 때
아직은 너의 가슴을 허물지마라
비처럼 어디든

폭설

잃어버린 것에 대하여 생각하지말자
오늘은 모든 것을 덮자고 눈이온다
한때 술렁거리던 가벼운 소문도
비린내 나는 저 오래된 발자국들도
한때 우리가 꿈꾸었던 꽃들이다

순서도 없이 튀어나오는 우리의 열망이
잠시 쉴 수있게 하얗게 폭설이 내린다
삐긋했던 걸음이 서럽다면
구멍 난 가슴을 내밀고 저 환한 폭설에
와르르 무너져 보자
환하게 홀로 서 보는거다

막차를 기다리며

바람이 가벼운 잎 새를 끌고
어디로 데려가는지 보는 사람은 아무도 없다
버스 정류장 의자에 기대 막차를 기다리면서
많은 사람이 어디론가 떠나간 자리
그 바닥 무수히 갈라진 발자국을 본다
삶의 흔적이 무거울수록
한없이 무뎌지는 하루가
자꾸 가라앉는다

●●●●●

한 때 세상이 깜깜한 적이 있었다
사방이 적막한 어둠과 함께 무너지는 듯
내 몸을 쓸고 다녔다
아무도 대신 빛이 될 수 없을 때
그래도 나는 가만히 흔들리는 나무처럼 기다릴 뿐이었다

모두가 제 집으로 가버린 시간
빈 집처럼 텅 빈 마음을 따라
그래도 마지막 버스는 따뜻한 온기를 몰고
불을 밝히며 오고있다

나무꼭대기에 걸린 별들이 반짝이는 한

꽃잎이 날리면

꽃잎 흩날리는 날
옷자락처럼 끌리던 마음들이
소란스러워
세상은 잠시 환하게 술렁였다

누군가
남은 한 잎마저 밟고 간 저녁
한 때 난무했던 꽃들은
땅에 떨어져 흩어지고
이제 저마다의 이름이 지워졌다
하지만 서러워마라
또 다시 필 때 까지
잠시 잊혀지는 것이다

갈대

중심을 세우라
어둠이 번뜩이는 밤

쓰러진 만큼
강건히 일어나라

그러나
거칠어지지는 말아라

진 실

떨어진 화려한 꽃과
색 바랜 푸른 잎이 허구였다고
쓸쓸해마라
허전한 땅이 이제 깨어나
더 깊게 뿌리를 내리기기 위한
아름다운 작업이
이 겨울부터 시작인 것이다
단단히 여민 마음으로
새롭게 태어나기 위한
진통을 시작하는 중이다

3부

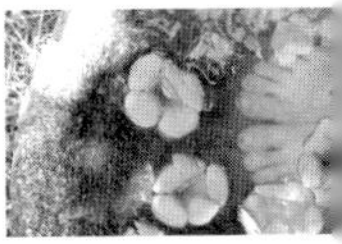

산다는 것은

봉당 위에 찌그러진 소금 한 자루가
퉁퉁 불은 몸뚱이 흔들어 간수를 낸다

사는 것이 짠 물 내는 일인듯
밤 새 비틀어 뒤척인 까닭은
오늘은 두부 쑤는 날

산다는 게 저렇게 눈물 내는 일이지
콩을 삶고 곱게 갈아 정성껏 쑤어도
저 간수 없인 두부가 되지 않기에
몇날 며칠 소금은 온 힘을 다해
눈물 같은 간수를 떨구고 있다

처음 마음

첫 눈이 내린다
제법 굵은 눈이
첫 눈이라 이름 지으며 떨어진다
뒤이어 따라오는 마음
설레이는 단어

•••••

첫 번째라는 말이 주는 설레임
순수함 그리고 열정
그 외의 감정들
우린 첫 마음을 얼마나 많이 간직하고 사는지
잊지 말자고 차가운 눈에게 책임을 부여했다
올해 첫 눈이 내리듯이
첫 눈이 온다고 작년에도 그랬고
내 년에도 그럴 것이다

선택

오늘따라 신호등이 황색 점멸등이다
적당한 거리에서 알아서 지나가야한다
선택해야 하는 것들은 언제나 설레였고
징검다리처럼 오른 쪽과 왼쪽이 번갈아 흔들린다
한 끼니를 때우기 위한 짜장과 짬봉처럼
선택된 것과 동시에 남겨진 다른 쪽의 혼돈
한번쯤은 선택한 사랑을 놓고 덜컹거리는 마음이 있다면
아직은 오래 가야할 길에서 서성이고 있다면
모두 설레이는 아직은 봄밤 인 것이다

●●●●●

노을

한지에 번지는 물감처럼
그렇게 너에게 번지고 싶어
선명한 선의 경계보다는
침범 한 듯 아니한 듯
부드럽게 너에게 번져
하늘로 향하는 새처럼 나는 날개를 달고
네가 숨겨놓은 공간을 날아
아무도 눈치 채지 못하게 닿고 싶어
나의 마음이 흐르는 물처럼 기울어
그렇게 네게 기대고 싶어

우물

손으로 잡힐 듯
속없이 따뜻한 저 깊은 곳
말 못한 속내를 펴내고 싶었는지
가슴 속 골 깊은 숨이
하얗게 겨울 바람을 타고 흔들린다

누가 두레박을 내리는가
누가 바가지로 물을 퍼 올리는가
텅 텅
명령처럼 그들이 원하므로
우물은 제 가슴의 소리와 함께
표면을 찢어 퍼내는 중이다
커다란 슬픈 눈동자
한 번도 가라앉지 않는 가벼운 무게로
우린 그의 속을 얼마나 흔들었을까

사람들은 간혹 우물 속의 깊이를 물어 본다
필요할 때 만 궁금해지는 배려
그들을 위해 우물은 원하는 만큼 대답한다
텅텅 소리치며
엄마의 그 깊은 속내는 비어만 간다

소소한 기적

혼자 밥을 먹고 혼자 차를 마신다
혼자 잠을 자고 혼자 꿈을 꾼다
혼자 생각하며 혼자 서러웠어도
아침은 언제나 새롭게 환하다
쓸쓸함도 잠시다
알 수 없는 따뜻함은 어디서 오는지
오늘 하루도 이렇게 내게 오고
또 봄꽃처럼 두근 거린다

끈

큰 딸에게 문자 메세지를 보내려다
잘못 눌러 큰 딸이 끈 딸이 되었다
끈 딸
그렇지
세상에서 가장 따끈하고
끈끈한 끈
나의 피붙이들

새벽을 기다리며

어디에도 없는 그가
나의 첫 절망 이었다
너의
더 이상 부르지 못할 이름을
껍데기로 남긴 채
서러워 밤새
폭설이 쏟아져 내렸다

가난한 기억마저 덮어버린
너의 배반을
기꺼이 용서할 동안 나는
바람에 끼인 비닐처럼 위태롭게 흔들렸다
어두운 밤은 너무도 길어
대신 폭설이 쏟아져 내렸다

이제 오래도록 기다리던 새벽이오면
반란처럼 살아야겠다
길고 긴 틈으로 바람이 분다
일어나자고

길 위에서

이름 모를 꽃들이 흔들리는 도로를 지난다
내 가슴 한 자리도 무심한 꽃으로 오래지만
환 할수록 쓸쓸해지는 자리는 늙어가는 중이다

앞 차와의 간격을 유지해야한다
몸부림치는 바람을 뒤로하고
끊임없이 살아있음의 길이를 재야만 한다
고무줄 같은 간격들
언제 줄여야하는지 또는 늘려야하는지
겹겹이 방어하느라 눈이 시린 저녁
방음벽 푸른 담쟁이가 잠시 보이질 않는다

어디쯤에서 기대면 되는걸까
지나가던 바람이 몇 번의 산등성이를 넘어와
오래도록 저녁 해를 흔들 때
내 눈에 갇힌 습기 찬 긴 문장은 마침표가 없다
길 위에서

차를 마시며

겨울로 가는 길이라며
길을 잃고 앉은 쑥부쟁이 따라
정리하지 못한 계절이 자리 잡았다
적당한 거리를 두고 둥근 탁자 앞에
시린 손처럼 곱은 빈 찻잔에
지난 봄 말린 꽃 잎을 담아
조용히 뜨거운 찻물을 부어놓는다

●●●●●

굳어버린 시간을 밀치고 쏟아지는 온기
잠시 자유로운 흔들림
찻 잔속 꽃잎이 적막하다
봄을 담은 꽃잎 속으로 낙엽이 흩어진다
이제 곧 눈이 올거라고
휘휘 젓는 스픈 사이로 출렁이는 마음이 떨어진다
따뜻한 바람이 불면 좋겠다
덜컹거리는 창가에 꽃 한 송이 흔들리게

●●●●●

절실함

뻐꾸기가 우는 아침
자 벌레 한 마리가 제 몸 힘껏 당겨
기어가고 있네

장난스레 살짝 건드려봐도
움찔하다간 또 다시 기어가네
아무리 열심히 기어간들 내 손 한 뼘
내 눈 안에서 목숨 걸린 저 연두 빛 벌레

내 잠깐 한 눈판 사이
아차 그 걸음으로 순식간에 사라졌네
삶이 정말로 절실했나보다

나무 눈물

마지막 남은 단풍이 저문 가을의 발목을 잡는다
떨어진 단풍 위로 바람이 눕고 또 눕는다
한 없이 떨어지는 지난 여름의 시간들
추억이 많을수록 나무의 발등이 보이지 않는다
무수히 떨어지는 단풍은 그 나무들의 눈물 일 것이다
뚝 뚝 아름다운 눈물이 떨어진다
그 눈물이 산 하나를 적신다

늙은 호박

한 할머니가 늙은 호박을 이고
담장 밑을 지나간다
쪼글한 이마를 맞대고
골 깊은 꼭 닮은 주름이
툭하면 웃는다
늙어갈수록 남는 건 웃음뿐인지
펑퍼짐한 늙은 걸음마저 웃는데
늦 가을 햇살에 저리도 여유롭다

어느 휴일 오후에

숨이 차듯 일상을 보내고
휴일 하루 여유를 허락하여
방바닥에 뒹굴어보는데
내게 남아있는 것
감당해야 할 것들이
잊지 않아야 할 것들이
뒤를 이어 기어 다닌다
눌러 버릴 수 없는 현실에
휴일의 오후가 아프다
쓸쓸한 묘약
커피를 마셔야겠다
유쾌해지기 위해

4부

모래 무덤

오래 전
모래사막을 본적이 있다
바람이 불면 물비늘처럼 모래가 출렁이고
바람보다 가벼운 모래가 흘러 다녔다
가만있으면 어김없이 모래가 덮쳐와
발등을 타고 무릎을 삼킨다
저 멀리 낙타가 쉬지 않고 가야하는
까닭을 그제야 알았다

사랑처럼
바닥도 없는 모래는 발목을 붙잡고
수렁처럼 떠다녔다
하루 밤새 생긴 저 높은 언덕 모래산은
길도 없이 흔적도 없는 걸음으로 떠났다가
은어처럼 거슬러 돌아온 낙타의 무덤 일 것이다

여기도 이 곳 어딘가에
뜨겁게 걷던 사람들이 돌아와
묻히기에 밤새 출렁이며 밤새 깊어간다
사랑
움직여야 살 수 있는 낙타 같은 것
저 멀리 희미하게 모래 무덤 하나 가고 있다

폐경 그후

봄밤이 지나 간다
진달래 꽃 피고지고 피고 질 동안
내 몸 어디 불씨가 있었는지
확확 달라붙는 열기
이렇게 남은
뜨거운 체온이 있었구나

봄밤이 지나 간다
햇살 냄새 나는 이불을 덮고
흩날리던 꽃잎을 헤아린다
주단처럼 깔렸던 한낮의 해후
미처 챙기지 못한 저녁
적막한 꽃들은 떨어지고

봄밤이 지나간다
반란처럼 확확
남은 열기를 데리고

길 모퉁이에서

여름 한 낮
개 망초가 만개한 망초 밭
바람이 이정표를 삼아
잠시 쉬어가는 순간에도
순하게 등 긁어주는 소리 난다

나무가 그늘을 만들고
그 나무가 마음을 잠시 내려놓는 시간
거기서 서둘지 않고 천천히
바람은 길 모퉁이에서
내가 지나 갈 때까지 기다려준다

잠시 쉬고 싶을 때
길은 말없이 따뜻한데
내려앉기까지 한참이 걸린다
하늘에서 꽃잎이 먼저 내려앉는다

봄 날에

침범이 아름다울 때는
지금 이 봄 날
모든 경계를 허물고
꽃잎을 내 다는 일

내게 불었던
숱한 바람이 또한 빛이었음을
저기
이팝 나무 어깨가 넓어지는걸 보고 알았다

내가 보고 있는
저 풀 잎과 풀 잎 사이로
봄 날은 또 지나간다

때 론 낯 선 것들로 인해
흘리던 눈물
얼마나 고독한 일인가
그래도 저 봄이 가기 전에
꽃들은 다시 서둘러 피어나고

어쩌면
바람이 일 때 떨리는 꽃잎 같은 거
모든 것이 지나갈 때
사랑을 잊지 않는 일로
이 봄
꽃들은 흐드러지는거다

그리움

그대에게
쓸리고 싶었던 때 있었다
그대에게
물풀처럼 감기고 싶던 있었다

지나가라 봄 바람처럼
지나가라 소나기처럼
그러나 사라지지마라
서둘러 도망가지마라

찔레꽃

오월의 간이역은 하얀 주단으로 가득했네
기울어진 내 어깨위로 찔레가 쏟아지고
마지막 기차는 우루루 서쪽으로 가버리네
떨어진 꽃들이 맨발로 춤을 추고
나는 구르는 돌을 집어 방랑하는 추억을 튕겨 보내네
오선지 같은 바람결에 선명해진 그대가 통통통 뛰어가네
건널목 이쪽에서 저쪽까지 아득하여
길고 긴 5월이 다가도록 마음이 흔들리네

손을 흔들며

손을 흔든다는 것은
내가 너에게 흔들린다는 것
나의 마음이 온전히 서서
전부 너를 향해 움직인다는 것

손을 흔든다는 것은
바람에 꽃이 흔들리는 것보다
더 아름다운 몸 짓
나의 가장 따뜻한 안쪽을
네게 보여준다는 것

낙화

기억 하마
너의 뜨거웠던 날들을

기쁨이 슬픔을 밀어내듯
쓸쓸함도 파도 같은 것
푸른 내일이 오늘을 밀어낼 때까지
잠시 여기서 쉬어 가는 것
모든 것은 삶이 밀고 온 것뿐
늦게 도착한 편지처럼
나 또한 오늘
온 종일 꽃잎처럼 흔들릴 것이다

남산 그 돌담 길

봄 어디에
그 소란스런 꽃들의 잔치
저만치 저 돌담 그쯤 어디
지천에 널린 꽃잎을 날리며
처음 그 길을 지날 때 웃던 그 웃음들
비단처럼 부드럽던 바람
그 머리결의 반짝임들
이젠 찾을 수 없겠지

그해 여름
그 빗길의 바이올린의 현의 춤사위 같은
부드러운 곡선위로 미끄러지듯 지나면
오른 쪽 달박 달박 붙은 언덕 밑 집 그 불빛들이
거대한 상들리에 처럼 반짝이며 아름답게 흔들렸고
젖은 등불의 그 온기와 빗물에 터져 나오는 삶의 눈동자들
내 새끼들과 내 체온이 그와 함께 덥혀져 어우러지던
그 수많은 돌계단 그 이쁜 돌들 그 곳
이제 얼마나 오래도록 기억 할 수 있을까

가을 모퉁이
은행잎의 노란 떨림들 그 울림에 물들어
그 노란 버스 정류장 옆 노란 나무 의자의 노란 연인
온통 노란 잎으로 갇혀 있던 곳 시간이
화보처럼 정지 될 수만 있다면 좋을 것 같은 노란 바다 그 물결

사랑아 그렇게 소리치면 엘피판 속 음처럼 튀어 나올 것 같은
그 부드러운 곡선을 도는 옛 이야기를
언제 아프지 않게 말할 수 있을까

그리고 겨울
어느 하늘 한쪽이 무너져 내렸는지
자꾸 허물어져 쏟아졌던 따뜻했던 눈송이들
활짝 핀 목화솜이 수없이 떨어지고
문신처럼 남겨진 발자욱이 지워지지 않도록
속절도 없이 그렇게 길을 익히고
바턴 받은 달리기 선수처럼 달린다
흐르는 길 위로 뿌옇게 또 눈이 내리면
길을 잃지 않기 위해 재생 스위치를 누른다
내가 사랑했던 순간들아

등이 굽는 이유

꽃이 다 지고 나니
흠집처럼 남은 가시가 미워진다
뭉클한 그 꽃잎에 재어 두었던
향은 모두 어디로 흩어졌는지
부재중인 것들은 왜 모두 그리운 것인가

마음은 쓸데없이 거칠어져
오뉴월 소나기처럼 몰려다니고
대신 뜰 앞엔
후두둑 비가 내린다

막 도착한 빗물이 따뜻할수록
나는 죽어버린 사랑의 기억보다
살아서 사랑할 것들을 놓치기 싫어서
가슴을 웅크려 안는다

손 끝에서 날아간 저 기억들은
푸른 바람을 타고 튕겨져
어디쯤 내려 앉았을까

선불리 시간이 훑고 간만큼
바람이 불면 더욱 등이 굽는
찔레 꽃 진자리 그렇게

여드름

아들 녀석 등짝에 또 여드름이 났다
날듯 싶으면 다시 자리 잡고는
여기 보라는 듯 벌겋게 성깔을 부리고 있다
건드리면 사정없이 공격하리라고

미안하다 네 자리를 챙겨주지 못해
때 타올로 빡빡 닦아주기도 하고
향내 나는 분으로 폴폴 토닥여도 주고 싶지만
나의 손이 미치지 못하였으므로

건성건성 물만 발랐을 아들 등짝에
반기를 들고 달아 오는 여드름
그래도 등짝에만 났으니 얼마나 다행이랴

질풍 노도의 아들의 그 시간들
마음엔 그 흔적들이 생기지 않은 걸 보면
마음을 놓치지 않고 토닥여 준 서로의 손길만이
약이었으리라 그 뿐일 것이다

들 꽃

어디를 가듯
꽃은 피게 마련이지만
틈내기도 힘든 돌계단 틈새에
어찌 곱고 여물게 피워냈을까

가는 길을 멈추고
쪼그리고 앉아 한참을 마주앉았다
등 너머로 따뜻한 햇살이 좋아
무릎위에 손깍지 끼고
노란 꽃잎 위에 시선을 둔 채
이대로도 행복함에 시간이 멈춘다

그 작은 들꽃하나
살짝 바람이 불자 웃는다
고 이쁜 것 하나 때문에
세상이 잠시 푸르게 내려앉는다

나중에

나중이라는 말
참 슬픈 말
지금 해야만 하는
이 순간을 영원히 하지 못하게 하는 말

나중이라는 말
참 슬픈 말
지금 필요한 때를
영원히 놓치게 하는 말

내가 쉽게 생각한
내가 놓친 말 한마디는
그래서 영원히 죽어버렸다

그 땐
알지 못하였으므로
나중으로 지워진
놓쳐버린 무수한 것까지

부탁한다

봄 한줌 내리더니
아가들이 밀려 나온다
통통한 푸른 씨앗들이
손톱 발톱 내밀며
더러는 꽃이 되고
더러는 잎이 되고
더러는 가시가 되고

나의 몸이 갈라져 피폐 해지고
한철 소쩍새가 울고 간 저녁

외도의 *아름다운 공허
그녀 옆에서
더러는 꽃이 피고
더러는 잎이 피고
더러는 가시로 피어

살아있는 모든 것들이
제 뜻대로 환히 피어나
어느 외진 곳에서도
피 하는 일 없이
쓸쓸한 이를 위하여
느슨한 어깨를 내어주는
저 착한 여자처럼
선하게 피어나길

엄마라는 말

밀가루 반죽을 한다
칼국수를 만들어 볼까
수제비를 끓여볼까 생각 중에
엄마하고 애들이 부르는 소리에
대신 쫄깃하고 말랑해지는 내 맘
발효되어 부풀기 까지한다
찹쌀 풀 같은 말
손 바닥으로 치대는 반죽처럼
찰팍찰팍 찰져지는 주술 같은 말

수술

공사를 마친 길이 구부러져있다
숱한 바람이 들고 난 저녁
마르지 않은 시멘트 한쪽이
돌부리가 되었다
걸려 넘어져서야 네가 차지한 세상에
함부로 발길을 내어 돌아 다녔구나
정갈한 네 품에 조심스러운 길이 생겼다
평생 네 생각을 하며 길을 걷겠구나

5부

못

오로지
너에게 꿈쩍 않고 박히려면
아무하고도 타협하면 안되는거다
팔도 없고 다리도 없는 내가
할 수있는 일은
무뎌지지 않게 열심히
날을 세워야 하는거다

망치에 잘못 맞아
휘어지기라도 한다면
끝나는 인생인거다
그래서 심장도 쇠가 되었다
그래서 맥박도 수직으로 뛰었다
오로지 너를 껴안고
분리 되지 않기 위해
쉬지 않고 나를 세운다

노란 남자

노란 옷을 입은 남자가
노란 개나리 꽃밭을 가고 있다
개나리 꽃 속에 묻혀
노란 꽃처럼 예쁜 남자

쪼그리고 앉은 햇살이 막
그 남자의 바지를 흔들고있다
노란 나비가 노란 바람을 따라
나풀대듯 흔들리는 마음

•••••

꽃이 날아다니고
나비가 날아다니는
그 떨림의 배후
저 개나리 꽃 밭 속엔 지금
아마도 한 계절이 내려앉아
열애를 하나보다
이리도 내 마음이 싱숭한 걸 보면

포구에서

절망에 대하여 누군가 물어볼 때
나는 포구에 와 있었다
더는 갈 수없는 뭍의 경계에서
습관처럼 몸을 움츠리고
알 수없는 고립에 대해 서러웠다

삶이 뜨겁지 않을 때
종이 인형처럼 구겨진 가슴이
바람처럼 가벼워질까
두려웠는지도 모른다
혼자 생성해야 한다는 것
아직 여물지 않은 상처들이
저녁이면 여기 모이는 이유일 것이다

일어나야겠다 아무렇지도 않게
기웃거리는 상심은 그대로 두리라
새벽이 소리 없이 일어나듯이
그렇게 돌아가리라
그리고 너에게 답한다
물도 포구에선 둥글게 숨 쉰다는 것을

봄을 먹다

된장을 풀어
쑥 국을 끓였네
팔 팔 끓는 국속에서
오래 전 쑥국 새가 울어댔네
쑥국 쑥국

봄이 지나가던 날
한 밭 뙈기 온통
쑥 밭이던 때
쓴물 게워 내도록
오로지 쑥을 캐던 오래된 그 해

푸른 물 넘실대도록
쑥은 해마다 그렇게 풍년이었지
꽃도 피우지 않는 것이

●●●●●

날마다 번창하여
갈라진 손톱에도 뿌리를 내렸네

민들레 꽃 제비꽃
냉이 꽃 피었어도
저것 좀 봐 내 눈엔 쑥만 보였네
남은 쌀 한웅큼에
된장 풀어 쑥을넣고
훌렁 훌렁 끓여 먹던
오래전 그해 봄 저녁엔
밥 대신 쑥들이 기어 다녔지

천장에 노란 달이 떠다니면
조금은 슬퍼서 벽을 보고 누웠었네
훌쩍 십년을 건너뛰고 싶었던
오래 전 그 봄 날에도
어디선가 새 소린 저리 들렸네

부드러운 위로

눈이 오기 시작했다
세상은 또 다시 위로가 필요했나보다
조용히 내리는 저 부드러운 신들의 손길

나는 기다렸다는 듯이
늙어버린 삶의 흔적을 아무렇지 않게 묶어두고
오래된 기억조차 기다려주겠다고
뭉클해진 마음을 들이댄다

묵혀둔 아픔이 혓바늘처럼 돋아나면
주저 없는 사랑에 대해서
반짝이는 그리움에 대해서
대신 흔들려 봄날 꽃 필 때까지
치유의 설탕을 입 속에 우물거린다
아주 오래된 날들까지 보듬을
품 넓은 봄날을 그리며

명 절

전을 부친다
기름을 두르고 준비된 팬에
전 거리를 조심히 내려 놓는다
시끄러운 생각도 잠시 전 뒤집듯 훌렁 뒤집어 놓고
생것처럼 펄떡이는 마음에도 기름을 두른다

자글거리며 일어나는 저 곱은 길
소리치며 달려 나오는 한숨들이 대신 드러눕고
송곳 쑤시듯 들고 일어나는 것들을 꾹꾹 눌러대면
가슴 어디 한 구석이 뜨거워지고
대신 곱고 순하게 익어가는 전들
둥글게 잘도 익어간다

프라이팬 속 에서도 보듬어야 할
괴로운 일들이 많은가 보다 피식거리며 푸덕대는걸 보면
기름에 데인 듯 쓰리고
붉은 얼룩들이 자꾸 눈에 거슬려도
오롯이 설 익혀졌던 시간들이 그 속에서
익어가는 중이다

어쩌다 까뭇 타버린 살점을 떼어내며
뜨거운 기름에 노랗게 익은
따끈한 전들을 소반에 가득히 담아낸다

••••●

귀가

어느 집 저녁 아궁이에
솔가지 타는 냄새가나면
나무도 그림자를 끌고
제집으로 들어가고
바람도 산 어디에
깊은 골을 만들어 숨어든다

바람개비처럼 날렸던
새들의 날개는
풀숲에 기대어 고요해지고
날카롭던 손끝도
제 집을 향해 무디어진다

어느 집 저녁 밥 짓는 냄새는
부르지 않아도
찡하도록 입맛이 돌아
발에 묻은 먼지를 툴툴 털고
마술에 걸린 듯 순해져서
그렇게 곰실곰실 집으로 간다

온종일 주름 잡힌 마음 대신
붕어빵 출렁출렁 주머니에 넣고
발목 폭폭 따숩게 잠기는
집으로 가는 길

빛 내리다

하늘이 우울증으로
한 바탕 눈물을 쏙 뺀 날부터
세상은 다시 눈부시게 빛났다

때론 그렇게
덜컥이는 상심을 밀고
한바탕 눈물을 쏙 뺀 날은
꿈꾸듯
더욱 뜨거운 태양의 아침을 보았다

가끔 세상이 툭 나를 내칠 때
그래도 쉽게 잠이 드는 것은
뒤집어 쓴 이불속으로도
꼭 감은 눈 속으로 어둠을 자르고
어김없이 스며드는 새벽의 빛
그 기막힌 반사를
나는 알고 있기 때문이다

●●●●●

늦가을 햇살에

떼짱 좋은 매미가 아직은 버티고 있어선지
때도 없이 웃는 호박꽃이 꼭 바람난 아줌마 같아
넝쿨 밑으로 주렁주렁 달린 철 늦은 애호박은 어쩌라고
볕 가장 자리가 저리 좋은지 사방 팔방으로 기어가고 있어
서리가 내려 몸이 삭을 때까진 며칠이나 남았을까
걱정도 없이 넙죽넙죽 말 대답 하는 양
오늘 이리 푸른데 오늘 이리 푸른데
아직 찰진 햇살이 팽팽한데 어쩌라고

단 풍

누군가 데워진 마음을 놓고
누군가 데워진 가슴도 놓고
그냥 갈수가 없었나보다
제 몸 한 귀퉁이 베어내
빛으로 뛰어내렸다

그 가을
빛이 날아오르다 멈춘
어느 한 곳
붉은 목숨 내 놓은 그 곳에
물들어 묻혔다

밥

오늘은 몇 점 고기를
푸른 깻잎에 싸 먹으며
행복하다했다

천천히 체하지 않게
말캉한 봄날을 되씹으며
때론 시시한 일상을 흘리고
때론 시시한 시간을 비우고

언제부턴가 밥 때가 되면
놓치지 않고 따끈한 밥을 끌어안고
더딘 것 같은 하루가 자꾸 사라질 때마다
고립된 청춘을 끌어다 입안에 넣고
되도록 오래 씹었다

달콤한 입안의 것들
덤덤히 고개를 끄덕이며
묵은 지 묵은 장에
꼭꼭 씹은 밥을 삼키면
하늘은 늘 붉게
쏟아지는 꽃들로 흐드러지고
푸르게 강물도 흘렀다

꽃은 피었다 지고
낙엽이 바스러지는 날에는 더욱
창 넓은 어디에서라도
밥은 이리도 고소할까

가을 서리

곡식을 추수리며
할머니가 말씀 하셨다
서리가 내리면
바짝 정신 차려야
아까운 양식을 잃지 않제
먹 거리 고꾸라지는 것
아주 잠깐이 인거지

허옇게 된 서리 내린 지금
내게 고꾸라질 것 무얼까
자다 말고 벌떡 일어나 보니
꿈이었나보다 그 쓸쓸함
하늘이 퍼질러 놓은 안개
성근 가로등 사이로
자꾸 빠져나오는 허기

정신 차려야 정신 차려야 그 말씀에
머리가 하얘지고 있다

독침

주인과 함께 늙은
프라타너스 고목이
곡기를 끊었다

얼마 전 세상을 떠난 주인이
그리운 터에
어떤 이 무심코 필요 없는 나무라
내 뱉고 난 후

수십 년 굵은 심줄에
눈물 그렁이더니
자꾸 누렇게 넘어가고 있다

말이란 얼마나 무서운지
벌써 가지 끝까지 감염된 저 독

지나는 바람도 조심스럽다

●●●●●

밤을 잊은 그대

탄력을 잃어가는 살갗에 크림을 바르며
아직은 탱탱하게 버텨야 한다고 타이른다
건드리면 터져버릴 것 같은 노후 된 추억도
손끝에 부서질 말라버린 추억도 아직은 껴안은 채

늦은 밤 방부제를 바르고 있다
뜨거운 커피를 마시며 핏줄 속으로 파고드는 온기를
격려하며 아직은 거뜬히 살아있다고 중얼거려야한다
한 때의 노여움들이 떠돌아다니는 밤 고맙다
살아있으므로

몸에 박힌 가시는 굳이 빼지 않는다
나는 아직 편안할 수 없으므로
허공을 맴도는 당신은 위로해주세요
내 슬픔이 아직은 멀쩡해서
푸르게 살아있는 시간들에게 기다리라고
나는 내일 또 다시 펄떡 일 것이라고.

●●●●●

달빛 기도

그대를 위해 둥근 달이
창가에 문을 만들었네요
가만히 환한 얼굴로
그대를 위해 한 눈 한번 안 팔고
밤새 뜬 눈으로 한 새벽을 달려
그대가 저 빛처럼 올지 몰라
온 세상을 창문으로 만들어 놓았어요

어서 오세요
그대를 안고 팝콘처럼 터지는 새벽의 빛은
모두 푸른 날개가 달려있군요
창백한 하루를 재워두고 모든 창문을
열어두었어요 별도 없는 깊은 밤이
슬퍼지기 전 꽃잎처럼 오세요

•••••

곶감

오래 전 수재민 촌 골목은
늙은 그 녀의 유일한 통로였다
백 원짜리 몇 개를 자랑 삼아 내보이면
몇몇의 아이들이 끈끈한 눈길로
그 녀의 주위를 맴 돌다
하나씩 채가곤 하느라
허물어지는 담 사이의 그 길은 가끔씩
열기로 두근거렸다 아주 오래 전

콩나물국처럼 멀개진 옆집 노인 얼굴엔
평생 조금씩 모아둔 배부른 주머니가
텅 빈 주머니가 될 때까지 조금씩 변한 얼굴이다
오래도록 묵은 자식들의 발자국은
칠월의 더운 바람처럼 끈끈하게 이어졌다
곧 그 녀의 주머니가 텅 빌 것이고
다리가 되는 곶감을 또 찾아야 할 것 같다
곶감은 왜 이리 달콤하고 헐거운지